Der Kochbär auf Reisen

Kinder kochen mit den Weltreligionen

Bibliografische Information
der Deutschen Nationalbibliothek:
Die Deutsche Nationalbibliothek verzeichnet diese Pub-
likation in der Deutschen Nationalbibliografie;
detaillierte bibliografische Daten sind im Internet über
http://dnb.dnb.de abrufbar.

© 2019 P-Seminar Frisch aufgekocht
Herstellung und Verlag: BoD – Books on Demand,
Norderstedt

ISBN: 978-3-7357-2301-7

EINLEITUNG

Liebe Kinder, liebe Eltern,

wir freuen uns sehr, dass ihr dieses Buch heute in den Händen halten könnt. Während des letzten Jahres haben wir vom P-Seminar Kochbuch des Gymnasiums Ottobrunn sehr viel Spaß damit gehabt, an unserem Kochbuch zu arbeiten und die verschiedensten Rezepte auszuprobieren und für euch/sie zusammenzustellen.

Wir haben uns dazu entschieden, unser Kochbuch zum Thema Weltreligionen zu gestalten, da Essen Menschen auf der ganzen Welt verbindet, egal welcher Religion sie angehören. Außerdem wollen wir den Kindern durch die Geschichte des Kochbären einen kleinen Überblick über die Religionen geben und sie ihnen so näherbringen.

Den Gewinn, der durch dieses Kochbuch entsteht, spenden wir an Sternstunden e.V. Wir haben uns für diese Organisation entschieden, da so durch eure/Ihre Unterstützung anderen Kindern in Not geholfen werden kann.

Jetzt hoffen wir, dass euch das Endprodukt gefällt und wünschen euch viel Spaß damit, die leckeren Gerichte auszuprobieren!

Euer/Ihr P-Seminar Kochbuch

CHRISTENTUM

Kochbär: Wer bist du denn?

Lamm: Ich bin ein christliches Lamm.

Kochbär: Erzähl mir mehr.

Lamm: Das Christentum hat auf der ganzen Welt ungefähr zwei Milliarden Anhänger und ist damit die größte Weltreligion.

Kochbär: Und an wen glaubt ihr?

Lamm: Wir Christen verehren Jesus als Gottes Sohn. Wir glauben, dass Gott in Jesus zu uns Menschen auf die Erde kam und dass Jesus vom Tod auferstanden ist. Dadurch werden die Menschen von ihren Sünden befreit.

Kochbär: Wer ist dieser Jesus?

Lamm: Jesus war Jude und schon vor zweitausend Jahren das größte Vorbild vieler Menschen. Oft predigte er aus der jüdischen Bibel. Dabei erklärte und ergänzte er viele Dinge.

Kochbär: Was ist die Bibel?

Lamm: Neben der jüdischen Bibel gibt es eine zweite Heilige Schrift. Sie gilt aber nur für uns Christen. Die Bibel ist in zwei Bücher aufgeteilt, diese nennen wir Altes Testament und Neues Testament. Es ist unsere heilige Schrift.

Kochbär: Gibt's auch Feste bei euch?

Lamm: Ja klar. Das wichtigste Fest ist Ostern. Vor Ostern gibt es eine 40-tägige Fastenzeit. An Ostern denken wir an die Auferstehung von Jesus. An Weihnachten an die Geburt von Jesus. Für Kinder ist Weihnachten wie ein zweiter Geburtstag im Jahr, da sie viele Geschenke bekommen.

Kochbär: Vielen Dank, ich muss jetzt weiterziehen.

Lamm: Tschüss.

MÜNCHENER KERBELSUPPE

Traditionell wird am Gründonnerstag in bestimmten Regionen viel Grünes gegessen, also Salat, junge Triebe, Kohl oder grüne Kräuter. Wir Christen denken an diesem Tag an das letzte Abendmahl Jesu mit seinen zwölf Jüngern, bevor er tags darauf gekreuzigt wurde.

4 Portionen
Schwierigkeit: mittel

Das brauchst du an Zutaten:

- 2 Bund Kerbel
- 60 g Zwiebel
- 40 g Butter
- 30 g Weizenmehl
- 600 ml Fleischbrühe
- 80 ml Milch
- 80 ml Sahne
- 1 Eigelb
- Salz
- Pfeffer

Zuerst musst du die Zwiebeln schälen und sehr fein hacken. Lass dir von einem Erwachsenen beim Schneiden helfen!
Koche am Herd niemals allein, du brauchst immer einen Erwachsenen! Du musst die Butter in einem Topf bei mittlerer Hitze schmelzen, Zwiebel darin anschwitzen, das Mehl zufügen und unter Rühren 1-2 Minuten farblos anschwitzen. Danach musst du die Fleischbrühe und Milch unter Rühren angießen, 2/3 des fein geschnittenen Kerbels dazugeben, aufkochen und 20 Minuten köcheln lassen.
Jetzt musst du Sahne, Eigelb und einige EL der heißen Suppe miteinander verrühren. Danach die Suppe vom Herd nehmen und die Eigelb-Mischung unter die Suppe ziehen.

Anschließend musst du die Suppe nochmals erwärmen, aber nicht mehr kochen lassen, den restlichen Kerbel untermischen und mit Salz und Pfeffer abschmecken.

Nun kannst du die Kerbelsuppe anrichten und servieren. Lass es dir schmecken!

SCHAFSKÄSETASCHEN

Schwierigkeit: mittel

Das brauchst du an Zutaten:
- 6 Platten Blätterteig, quadratisch (TK)
- 1 Zwiebel
- 1 Knoblauchzehe
- 1 El Butter
- 100 g Feta-Käse
- 2 El Sahne
- 2 Eigelb
- Paprikapulver
- Salz und Pfeffer

Das brauchst du an Geräten:
- Brettchen
- Messer
- Rührschüssel
- Löffel
- Backblech mit Backpapier
- Topf

Zuerst musst du die aufgetauten Blätterteigplatten in alle Richtungen etwas ausrollen.

Schäle dann die Zwiebel und den Knoblauch und hacke beides fein (Vorsicht mit scharfen Messern!).

Koche am Herd niemals allein, du brauchst immer einen Erwachsenen! Jetzt kannst du die Butter in dem Topf zerlassen, gib die klein geschnittenen Zwiebeln und den Knoblauch hinzu und lasse es vorsichtig leicht anbräunen.

Reibe als Nächstes den Feta-Käse fein und vermische ihn mit Zwiebel, Knoblauch, Joghurt und einem Eigelb. Das Ganze würzt du mit Paprika, Pfeffer und etwas Salz (Vorsicht: Der Feta-Käse ist auch schon salzig).

Die Mischung verteilst du so auf den Blätterteigplatten, dass immer eine dreieckige Hälfte der Platten frei bleibt. Die freie Hälfte klappst du so über die Füllung, dass jeweils ein Dreieck entsteht. An den Rändern drückst du den Teig fest zusammen.

Lege die Taschen vorsichtig auf ein eingefettetes Blech und backe sie im vorgeheizten Backofen bei 200 °C ca. 15 min. lang. Verquirle in der Zwischenzeit das zweite Eigelb mit der Sahne. Damit bestreichst du nach 15 Minuten Backzeit die Teigtaschen und schiebst sie noch einmal für 10 bis 15 Minuten in den Ofen.

VEGANE NUSSPLÄTZCHEN

> *Wir Christen backen Zimtschnecken in der Vorweihnachtszeit als Einstimmung auf die Geburt von Jesus. Das Backen von Plätzchen mit der Familie gehört für uns Christen zu Weihnachten einfach dazu.*

Schwierigkeit: mittel

Das brauchst du an Zutaten für den Teig:
- 150 g Margarine (Zimmertemperatur)
- 300 g Mehl
- 100 g Zucker
- ½ Packung Backpulver
- 1,5 Päckchen Vanillezucker
- 20 ml Rapskernöl
- 2 Esslöffel Sojamehl mit 4 Esslöffeln Wasser vermischt
- Feigenmarmelade zum Bestreichen des Teigs

Das brauchst du an Zutaten für den Belag:
- 100 g gehackte Haselnüsse
- 50 g Mandelblätter
- 50 g gehackte Cashewkerne
- 80 g gemahlene Mandeln
- 50 g gemahlene Haselnüsse
- 75 g Zucker
- 1,5 Päckchen Vanillezucker
- 100 g Margarine
- 3 EL Wasser
- 1 Esslöffel Feigenmarmelade
- Ein Riegel Zartbitterkuvertüre geschmolzen

Zuerst musst du alle Zutaten für den Teig verkneten und auf einem Backblech rechteckig ausrollen (ca. 25 x 30 cm). Dann musst du ihn mit der Marmelade bestreichen.
Jetzt musst du alle Zutaten für den Belag zum Schmelzen bringen, kurz aufkochen lassen und auf den Teig verteilen.

Lass dir mit dem Backofen von einem Erwachsenen helfen!

Nun 30 Minuten bei 170°C (Umluft) backen.

Daraufhin musst du das Blech aus dem Ofen holen, die Ränder begradigen und in Quadrate (4 x 4cm) einteilen.

Wenn die Plätzchen abgekühlt sind, kannst du die geschmolzene Kuvertüre mit einer Gabel verteilen, so dass „Schokofäden" die Plätzchen verzieren.

Jetzt kannst du die Plätzchen servieren. Guten Appetit!

ZIMTSCHNECKEN (OHNE HEFE)

Schwierigkeit: leicht
Arbeitszeit: ca. 5 Minuten
Koch – und Backzeit: ca. 15 Minuten

Das brauchst du an Zutaten:
- 400 g Quark
- 130 g Zucker
- 2 Eier
- 2 Pck. Vanillezucker
- 1 Pck. Backpulver
- 12 EL Öl
- 12 EL Milch
- 700 g Mehl
- Zimtpulver zum Bestreuen
- Zucker zum Bestreuen
- Eventuell Rosinen

Lass dir auf jeden Fall von einem Erwachsenen mit dem Backofen helfen! Zum Start musst du den Ofen auf 200°C Umluft vorheizen.

Aus den oben angegebenen Zutaten musst du jetzt einen Teig anrühren. Bei Bedarf kannst du etwas mehr Mehl hinzugeben, wenn der Teig zu flüssig ist.

Als nächstes sollst du den Teig auf einem Backblech mit Backpapier ausrollen, nach Belieben Zimt, Zucker oder Rosinen darauf verteilen und zusammenrollen. Jetzt kannst du die Schnecken abschneiden und auf das Blech legen. Lass dir auf jeden Fall von einem Erwachsenen mit dem Backofen helfen! Als Letztes nur noch bei 200°C (Umluft) ca. 15 Minuten backen.

Guten Appetit!

ISLAM

Kochbär: Hallo, wer bist du denn?

Kamel: Salam Alaykum! Ich bin das Kamel aus Mekka, einer islamischen Pilgerstadt und der Geburtsstadt des Propheten Mohammed.

Kochbär: Ich habe schon etwas über das Christentum kennengelernt, aber über den Islam weiß ich leider noch nichts. Könntest du als Muslim mir vielleicht über diese Weltreligion etwas erzählen?

Kamel: Natürlich! Der Islam ist die zweitgrößte Weltreligion, dessen Anhänger heißen Muslime. Wir glauben an den Gott „Allah". Der Koran ist das heilige Buch der Muslime, wie die Bibel das heilige Buch der Christen ist. In diesem heiligen Buch sind die Schöpfung der Welt sowie die Regeln für die Gläubigen festgehalten.
Wie ich ja schon gesagt habe, ist Mohammed unser Prophet. Er hat den Koran mündlich überliefert, woraufhin er nach seinem Tod aufgeschrieben wurde, und seitdem ist er das heilige Buch der Muslime.

Kochbär: Das ist aber interessant! Auf dem Weg hierher bin ich an einem großen prachtvollen Gebäude mit einem runden Dach vorbeigekommen.

Kamel: Ach, du meinst sicher unsere Moschee, in der sich Muslime zum Freitagsgebet und anderen Tagesgebeten versammeln. Damit alle wissen, wann das Gebet stattfindet, ruft der Muezzin/Imam, der Gebetsrufer, fünfmal am Tag zum Gebet auf. Alle Muslime richten sich beim Gebet nach Mekka aus.

Kochbär: Und an Weihnachten betet ihr dann besonders viel oder?

Kamel: Nein, Weihnachten feiern wir nicht. Dafür haben wir andere Feste, wie das Zuckerfest am Ende der Fastenzeit und das Opferfest.

Kochbär: Welchen Unterschied gibt es zwischen den beiden Festen?

Kamel: Wir feiern das Zuckerfest nach der Fastenzeit und legen dabei Wert auf Familie, Verwandte und Freunde. Dort essen wir gaaaaaanz viel Süßes und bekommen als Kinder gaaanz viele

Geschenke und das drei Tage lang. Das Opferfest ist das höchste islamische Fest und dauert vier Tage lang, in dieser Zeit schlachten Muslime alljährlich Schafe und Kühe. Ein Teil des Essens wird dann an ärmere Familien gespendet. Das Fest soll an die Verbundenheit zu Gott erinnern.

Kochbär: Schlachtet ihr keine Schweine?

Kamel: Ooooh nein! Schweine gelten als unrein und werden deshalb bei uns nicht verzehrt.

Kochbär: Ich liebe Kochen, kennst du ein paar muslimische Rezepte?

BÖREK

Das sind die leckeren gefüllten Teigröllchen, die aussehen wie Frühlings-rollen. Als Hauptmahlzeit isst man sie warm, am besten mit Salat. Sie schmecken aber auch prima kalt und sind daher ideal zum Mitnehmen für die Schule.

Hintergrundinformation: Oftmals wird Börek dem Besuch angeboten, da dadurch die Gastfreundschaft unterstrichen wird, welche im Islam einen großen Stellenwert hat.
Häufig wird Börek mit einem Salat serviert.

Zubereitungszeit: 30 Minuten
Rezepttyp: Beilage/Snack
Portionen: ca. 20 Stangen
Schwierigkeitsgrad: mittel
Hinweis: Am besten bittest du deine Eltern beim Frittieren um Hilfe.

Das brauchst du an Zutaten:
- 10 Yufka-Teigblätter (gibt es in türkischen Läden)
- 250 g Feta-Käse
- ½ Bund Petersilie

Die Yufka-Blätter der Länge nach in der Mitte durchschneiden. Statt ursprünglich 10 Blätter hast du nun 20 spitze Dreiecke in der Form von Schultüten. Nun befeuchtest du jedes Teigblatt mit ein bisschen Wasser. Dadurch hält der Teig besser zusammen. Nun hackst du die Petersilie klein und verknetest sie zusammen mit dem Feta-Käse. Im nächsten Schritt setzt du ein walnussgroßes Häufchen dieser Masse an die breiteste Stelle eines jeden Teigdreieckes und rollst den Teig von der Breitseite nach oben zur Spitze hin fest.
Jetzt bittest du jemand Älteren um Hilfe!
Zum Schluss frittierst du alle Böreks in einer Pfanne mit reichlich Öl ungefähr 7 - 8 Minuten, bis sie goldbraun sind, dabei mehrfach wenden. Danach legst du sie am besten auf Küchenpapier, damit das übrige Fett aufgesaugt wird und sie noch etwas abkühlen können.

KISIR – BULGURSALAT

Dies ist ein sehr leckerer Salat, der meistens mit Börek serviert wird.

Zeit: 25 Minuten
Rezepttyp: Salat
Portionen: 4
Schwierigkeitsgrad: einfach
Hinweis: feinen Bulgur (Köftelik) findest du im türkischen Supermarkt

Das brauchst du an Zutaten:

- 250g feiner Bulgur (Köftelik)
- 125 ml kochendes Wasser
- ½ Tube Tomatenmark
- 5 El Sonnenblumenöl
- ½ TL Chiliflocken
- ½ TL Salz
- Saft 1 Zitrone
- 2 El Granatapfelsirup
- 3 Frühlingszwiebeln
- ½ Bund Petersilie
- 2 Tomaten
- 1 Spitzpaprika (grün)

Als Erstes bringst du das Wasser zum Kochen und gibst das Wasser in einer hitzebeständigen Schüssel über den Bulgur und lässt diesen für 15 Minuten mit geschlossenem Deckel quellen. In der Zwischenzeit schneidest du Frühlingszwiebeln, Spitzpaprika und Tomaten in feine Würfel. Danach hackst du die Petersilie fein.

Tomatenmark, Sonnenblumenöl, Zitronensaft und Granatapfelsirup gibst du auf den gequollenen Bulgur und arbeitest ihn ein.

Erst dann fügst du die gewürfelten, gehackten Zutaten hinzu. Zuletzt schmeckst du den Salat mit Salz ab.

AYRAN

Ayran ist ein salziges Erfrischungsgetränk und optimal für die warmen Sommertage.

Zeit: 5 Minuten
Rezepttyp: Getränk
Portionen: 1 Liter
Schwierigkeitsgrad: einfach

Das brauchst du an Zutaten:

- 500 ml 1 Joghurt
- 500 ml kaltes Wasser
- 1-2 TL Salz
- zur Deko: frische Minze
- Hinweis: Ayran ist ein Getränk, das etwas salziger schmecken kann.

Als Erstes gibst du Joghurt und Wasser in eine Schüssel und mischst diese sehr gut mit dem Schneebesen, dabei sollte nichts mehr klumpen. Für den Geschmack gibst du das Salz dazu. Den Ayran trinkt man am besten kalt, deswegen solltest du ihn jetzt in den Kühlschrank stellen. Wenn du ihn dann servierst, kannst du ihn noch mit frischer Minze dekorieren.

TOMATENSUPPE

Hintergrundinformation: Beim Fastenbrechen wird vor der Hauptspeise eine Schüssel Suppe gegessen.

Zeit: 25 Minuten
Rezepttyp: Suppe
Portionen: 4 Teller
Schwierigkeitsgrad: einfach

Das brauchst du an Zutaten:

- 4-5 Tomaten
- 2 EL Butter
- 1 EL Mehl
- 1 Glas Milch
- 1 Liter Wasser
- Salz
- 1 EL geriebenen Goudakäse

Zunächst lässt du die Butter im Kochtopf schmelzen. Dann gibst du das Mehl hinzu und brätst es an, bis eine Paste entsteht. Danach schälst du die Tomaten und schneidest sie in kleine Würfel, die du dann in den Kochtopf gibst. Nun brätst du es ca. 1-2 Minuten und gibst dann ungefähr 1 Liter Wasser zu. Jetzt lässt du es ungefähr 15 Minuten kochen. Als Nächstes gibst du die Milch zu und lässt es einige Minuten weiter kochen. Zuletzt schmeckst du die Suppe mit Salz ab. Servieren kannst du die Tomatensuppe mit etwas geriebenem Goudakäse.

FASTENSPEISEN

Kochbär: „Wer bist du denn?"

Zugvogel Gustav: „Ich bin der Zugvogel Gustav und ich bin gerade auf meiner Durchreise nach Afrika. Und wer bist du?"

Kochbär: „Ich bin der Kochbär und ich reise um die ganze Welt, um die Speisen aller Religionen zu entdecken. Wie cool, ich wollte schon immer mal nach Afrika! Aber was isst du denn, wenn du die ganze Zeit unterwegs bist?"

Zugvogel: „Mindestens einmal im Jahr, wenn ich auf Reisen bin, muss ich fasten wie jetzt gerade, da ich keine Zeit habe zu essen, sonst komme ich den anderen Vögeln nicht mehr hinterher!"

Kochbär: „Fasten? Was ist das?"

Zugvogel: „In jeder Religion wird mindestens einmal im Jahr für einen bestimmten Zeitpunkt gefastet. In dieser Zeit verzichtet man auf bestimmte Speisen, um seine Seele zu reinigen und um Gott näher zu sein. Aber jede Religion fastet anders und wenn du willst, stelle ich dir ein paar Rezepte der jeweiligen Religion vor."

ISLAM – GEFÜLLTE AUBERGINEN

> *Das Rezept ist eine Fastenspeise aus dem Islam. Das Fasten gilt als göttliches Gebot und man nennt es Ramadan, den neunten Monat des islamischen Mondjahres. Während dieser Zeit dürfen Muslime 30 Tage lang zwischen Sonnenauf- und -untergang nicht essen und trinken. Damit sie nicht verhungern, essen sie nachts, wenn die Sonne untergegangen ist. Hier ist ein typisches Rezept aus dem Islam, es ist aber nicht sehr einfach! Am besten kochst du dieses Gericht lieber mit einem Erwachsenen, der dir helfen kann.*

Das brauchst du an Zutaten:

- 250 g Hackfleisch (Rind falls Muslime)
- 2 Esslöffel Öl
- 1 Zwiebel
- 2-3 spitze Paprika
- etwas Petersilie
- 1 Knoblauchzehe
- 2 Tomaten
- 1 halbes Glas Wasser
- 5 Auberginen
- 3 Esslöffel Tomatenmark
- Eine Prise Salz, Pfeffer und Paprikagewürz

Im ersten Schritt holst du dir am besten einen Erwachsenen, der dir deine Auberginen schält. Jedoch soll die Aubergine nicht komplett geschält werden, sondern es sollen nur 3-5 Streifen (kommt darauf an, wie dick die Aubergine ist) weggeschält werden.

Solange kannst du schon eine große Schüssel mit Wasser füllen, in die du dann einen Esslöffel Salz gibst.
Wenn die Auberginen fertig geschält sind, kannst du diese in das Salzwasser legen. Sie müssen jetzt für 30 min einweichen, damit das Salz der Aubergine das Wasser entziehen kann.

Bevor du das Hackfleisch in der Pfanne anbraten kannst, muss dir ein Erwachsener helfen, eine Zwiebel, die Paprika, die

Tomaten, etwas Petersilie und eine Knoblauchzehe klein zu schneiden.

Im weiteren Schritt kannst du anfangen, die Zwiebeln anzubraten, wenn sie goldbraun sind, gebt ihr das Hackfleisch hinzu.

Die geschnittenen Paprika, Tomaten, Petersilie und eine Knoblauchzehe gibst du erst hinzu, wenn das Hackfleisch braun angebraten ist.

Jetzt kommt es zum Würzen: Gib Tomatenmark, eine Prise Salz, eine Prise Pfeffer und eine Prise Paprikapulver hinzu.

Nun wird ein halbes Glas Wasser in die Pfanne gegeben. Alles gut durchmischen, vom Herd nehmen und etwas abkühlen lassen.

In der Zwischenzeit solltest du die Auberginen in Öl anbraten, bis sie goldbraun sind. Danach müssen die Auberginen vom Herd genommen und mit einem Messer in der Mitte aufgeschnitten werden. Um die Öffnung für die Füllung etwas breiter zu machen, gehst du am besten mit einem Löffel über die Öffnung. Den Inhalt der Aubergine solltest du aber drin lassen. Danach können alle Auberginen mit dem Hackfleisch gefüllt werden.
Die gefüllten Auberginen bei 180 °C Umluft für ca. 30-40 Minuten im Ofen lassen.

Guten Appetit!

TÜRKISCHE GEMÜSEPFANNE

Das brauchst du an Zutaten:

- 5 Eier
- 2-3 spitze Paprika
- 2 Tomaten
- 2 Zwiebeln
- 2 Esslöffel Öl
- Etwas Wasser
- Eine Prise Salz, Pfeffer und Paprikagewürz

Die Zwiebeln müssen geschält und in kleine Würfel gehackt werden und auch die Paprika und die Tomaten müssen geschnitten werden. Lass dir da am besten von einem Erwachsenen helfen. Die klein gehackten Zwiebelstücke in einer Pfanne mit etwas Öl goldbraun anbraten und dann die schon vorher geschnittenen Paprika- und Tomatenstücke dazugeben.

Danach mit etwas Wasser (1-2 Löffel) anbraten, bis alles gut durch ist. Das Ganze vom Herd nehmen und erst kurz bevor du es essen willst, die Eier und die Gewürze dazugeben und gut durchmischen, bis die Eier durch sind.
Afiyet olsun!

CHRISTENTUM – GEMÜSERISOTTO

Dieses Rezept kommt aus einem Kloster und gilt unter anderem als Fastenspeise im Christentum. Im katholischen Kirchenjahr ist die Fastenzeit ab dem Aschermittwoch bis zum Karsamstag. In dieser Zeit soll sich der Mensch durch Enthaltsamkeit neu besinnen und die Nähe zu Gott suchen.

Das brauchst du an Zutaten:

- 100 g Babykarotten
- 100 g Schwarzwurzel
- 100 g Brokkoli
- 100 g Erbsen
- 300 g Reis
- Prise Salz
- Prise Pfeffer
- Butter
- geriebene Parmesan

Anfangen wirst du mit dem Gemüse, das dir ein Erwachsener klein schneiden soll. Das Gemüse musst du jetzt dämpfen. Wenn du keinen Dampfgarer hast, genügt es, wenn du das Gemüse anbrätst.

Währenddessen wird der Reis gekocht.

Wenn dein Reis fertig ist, gibst du das Gemüse dazu und vermengst beides mit einem Stückchen Butter.

Nun kannst du die heißen Portionen mit geriebenem Parmesan bestreuen.
Mahlzeit!

JUDENTUM – MATZENFLADEN

Dieses Gebäck isst man an Pessach, denn man kann es sehr schnell zubereiten. Pessach ist ein Fastentag im Judentum und soll an die Zeit erinnern, in der die Juden aus Ägypten fliehen mussten, darüber hinaus darf man an diesem Tag keine gesäuerten Speisen essen. Zusätzlich gibt es auch noch fünf weitere Fastentage, an denen die Juden der traurigen Ereignisse der jüdischen Geschichte gedenken. Im Weiteren findest du ein Rezept zum ungesäuerten Brot.

Das brauchst du an Zutaten:
- 400 g Weizenmehl
- 1 Prise Salz
- ½-1 L Wasser

Als Erstes vermischst du alle Zutaten in einer Schüssel und verrührst sie zu einem geschmeidigen Teig. Dazu heizt du den Backofen auf 200° C Umluft.

Jetzt knetest du den Teig zu einer Masse zusammen.

Im nächsten Schritt streust du Mehl auf deine Arbeitsplatte, damit du die Masse darauf zu einem Fladen ausrollen kannst. Wenn du damit fertig bist, schiebst du deinen Fladen auf einem Backblech in den Ofen.

Nun muss er dort für ca. 15 Minuten gebacken werden, bis er goldgelb ist.

Guten Appetit!

BUDDIHISMUS - GEMÜSEWOK

Im Buddhismus gibt es keine einheitlichen Fastenzeiten wie in den anderen Religionen, denn Buddha lehnte das Verzichten auf Nahrung ab. Jedoch stellte sich heraus, dass wenig Essen die Meditation erleichtert. Aus diesem Grund verzichten buddhistische Mönche und Nonnen nach zwölf Uhr mittags auf jegliche Nahrung. Im Folgenden findest du ein typisches buddhistisches Wok-Rezept.

Das brauchst du an Zutaten:

- 500 g Basmatireis
- 75 g Mais
- 1-2 Karotten
- 1 Paprika
- 125 g Bambussprossen
- 2 Knoblauchzehen
- 1 Zwiebel
- 125 g frische Sojasprossen
- 3-5 Esslöffel Sojasauce und Öl
- 3 Löffeln Sesamöl

Im ersten Schritt schneidest du die Paprika, Karotten, Zwiebeln und die Knoblauchzehen in kleine Stückchen. Währenddessen bringst du den Reis zum Kochen.
Erhitze die Wok-Pfanne mit dem Sesamöl und gib die Zwiebeln und den Knoblauch hinzu.
Jetzt gibst du das gesamte Gemüse, samt Soja- und Bambussprossen, in die Pfanne und brätst es an.

Im nächsten Schritt gibst du den gekochten Reis in die Pfanne hinzu und vermischt alles. Zum Schluss schmeckst du alles mit der Sojasauce ab.

JUDENTUM

Bär: „Oh hallo, wer bist du denn?"

Löwe: „Shalom, mein Name ist Ophir."

Bär: „Hallo Ophir, ich bin der Kochbär. Was hast du denn da für komische Locken und für eine komische Kappe auf dem Kopf?"

Löwe: „Das sind Schläfenlocken und eine Kippa. Das ist typisch für uns Juden."

Bär: „Und wie heißt diese Kirche, aus der du gerade herausgekommen bist?"

Löwe: „Das ist eine Synagoge und ich komme jeden Tag hierher, um Abschnitte aus der Tora, das ist so etwas wie eure Bibel, zu lesen. Ich gehe sogar in einer extra Schule, wo wir jeden Tag Abschnitte aus der Tora lesen und zusammen darüber diskutieren."

Bär: „Das klingt ja super spannend, ich sammle Rezepte von allen Religionen der Welt. Das Christentum, den Islam und die Fastenspeisen kenne ich bereits. Ich weiß aber noch gar nichts über euch Juden. Nebenbei habe ich auch noch einen bärigen Hunger und wollte fragen, was ihr denn so Typisches esst?"

Löwe: „Oh ja, Hunger habe ich auch. Komm doch mit nach Hause, meine Mutter hat gerade gekocht und du kannst gerne bei uns mitessen.

Löwe: „Yum tuv Mama, das hier ist mein Freund, der Kochbär und er sammelt Gerichte aus allen Religionen. Jetzt will er mal jüdisch ausprobieren."

Mama Löwe: „Shalom, Kochbär, natürlich kannst du heute bei uns mitessen."

Bär: „Sag mal, Ophir, warum habt ihr eigentlich so viel Geschirr?"

Löwe: „Wir Juden ernähren uns koscher. Das heißt, dass wir manche Dinge wie beispielsweise Fleisch und Milch, nicht miteinander essen dürfen. Diese dürfen auch nicht auf demselben Teller oder mit demselben Besteck gegessen werden.
Es gibt Tiere, die wir auch gar nicht essen dürfen wie beispielsweise Schweine. Das steht alles in der Tora."

Bär: „Oh, das ist ja interessant, das muss ich mir gleich notieren. Wow, euer Tisch ist ja schön eingedeckt. Der Kerzenständer sieht cool aus mit seinen neun Armen. Aber warum brennen da nur drei Kerzen?"

Löwe: „Das ist ein Chanukka-Leuchter, er erinnert an ein früheres Wunder. Acht Tage lang wird jeden Abend eine Kerze angezündet. Wann diese angezündet wird, ist jedoch jedes Jahr anders, da unser Kalender anders berechnet wird, als beispielsweise der christliche, trotzdem ist es jedes Jahr in der Adventszeit. Am letzten Tag wird dann Chanukka gefeiert und jedes Kind bekommt Geschenke wie an Weihnachten."

Bär: „Das klingt ja spannend!"

Löwe: „Schau, das hier ist ein Dreidel. An Chanukka wird der Dreidel herausgeholt und wir Kinder spielen damit".

Bär: „Der sieht ja aus wie ein viereckiger Kreisel!"

Löwe: „Stimmt! Meistens haben wir eine Schüssel Nüsse, Süßes oder auch andere Dinge vor uns und je nachdem, welche Seite oben liegt, bekommen wir entweder die ganze, die halbe oder gar nichts von der Schüssel und manchmal passiert es auch, dass man noch etwas dazutun muss. Und wenn einer alles hat, dann ist das Spiel beendet."

Bär: „Wow, das ist cool, danke für das Essen, es hat echt gut geschmeckt, aber jetzt muss ich weiter. Tschüss Ophir."

Mama Löwe und Löwe gleichzeitig: „Nichts zu danken und Vay, lieber Kochbär."

RUGELACH

Manche behaupten, dass Rugelach zusammen mit dem Croissant eine gemeinsame Geschichte haben und an die Aufhebung der türkischen Belagerung erinnern sollen. Andere behaupten, dass die Vorfahren von Rugelach die berühmten Kipferl sind und dass Rugelach wiederum die Vorfahren von den Croissants seien.

Schwierigkeitsstufe: mittel
Rezepttyp: Gebäck
Zubehör: 2 Backbleche
Backzeit: ca. 20 min
Ruhezeit: ca. 2 Stunden
ca. 32 Stück

Das brauchst du an Zutaten für den Teig:

- 350 g Weizenmehl
- ½ TL Salz
- ½ TL Backpulver
- 1 EL Zucker
- 225 g Quark
- 2 El saure Sahne
- 2 Tropfen Mandelaroma

Das brauchst du an Zutaten für die Füllung:

- 100 g gehackte Mandeln
- 1 TL Zimt
- 3 EL brauner Zucker
- Ca. 150 g Konfitüre
- 40 g zerhackte Äpfel

Außerdem:

- Mehl zum Bearbeiten
- 2 Eigelb zum Bestreichen
- Puderzucker zum Bestäuben

Mische Mehl, Salz, Backpulver und Zucker in einer Schüssel. Rühre danach die Butter und den Quark mit einem Handrührgerät glatt und gibst das zu den anderen Zutaten. Anschließend gibst du die saure Sahne und das Mandelaroma dazu. Das rührst du dann solange, bis ein weicher, glatter Teig entsteht. Den wickelst du dann in Frischhaltefolie ein und legst ihn für 2 Stunden in den Kühlschrank.

Heize den Backofen auf 180°C Ober- und Unterhitze vor und lege die Backbleche mit Backpapier aus.

Teile den Teig in vier gleich große Teile und rolle diesen mit einem Nudelholz auf einer mehligen Fläche zu einem 25 cm großen Kreis aus. Lass dir dabei von einem Erwachsenen helfen.

Für die Füllung mischst du die Mandeln mit Zimt und braunem Zucker.

Bestreiche deine ausgerollten Teigkreise mit der Konfitüre und streue die Mandeln und die Apfelstücke darüber. (Je nachdem, wie süß du es haben willst, kannst du auch noch Zimtzucker darauf streuen). Jeden Kreis teilst du in 8 gleichgroße Tortenstücke auf (Lass dir dabei von einem Erwachsenen helfen). Diese Dreiecke rollst du dann von der breiten Seite zur schmalen auf.

Die Hörnchen auf das Backblech legen und mit dem verquirlten Eigelb bestreichen. Anschließend lässt du diese für 20 Minuten im Backofen backen, bis sie goldbraun sind (Achtung, sehr heiß, lass dir von einem Erwachsenen helfen). Auf einem Gitter abkühlen lassen, mit Puderzucker bestäuben und anschließend genießen.

DATTEL - MAMOUL

Datteln stehen im Judentum für Armut und Grazie. Getreide konnte sich so gut wie jeder leisten, es ist koscher und es ist auch heute noch das Hauptnahrungsmittel.

Schwierigkeitsstufe: leicht
Rezepttyp: Gebäck
Zubehör: Backblech
Backzeit: ca. 20-25 Minuten
ca. 24. Stück

Das brauchst du an Zutaten für die Füllung:
- 100 g Datteln
- 1-2 EL Orangenblütenwasser
- 1-2 EL Wasser

Das brauchst du an Zutaten für den Teig:
- 175 g Weizenmehl
- 2 EL Zucker
- 90 g weiche Butter
- 1 EL Orangenblütenwasser
- 2-3 EL Milch

Außerdem
- Puderzucker zum Bestäuben

Heize den Backofen auf 160°C Ober- und Unterhitze vor. Lege ein Backblech mit Backpapier aus.

Für die Füllung entkernst du die Datteln (Lass dir von deinen Eltern helfen.) und schneidest sie klein. Anschließend gibst du sie in einen Mixer und fügst noch das Orangenblütenwasser und das normale Wasser hinzu. Dies pürierst du dann, bis eine weiche Masse entsteht, und stellst diese kalt. (Vorsicht scharf, lass dir auch hier von einem Erwachsenen helfen.)

Für den Teig mischst du Mehl und Zucker in einer Schüssel und gibst die Butter, welche du in kleine Würfel schneidest, hinzu. Anschließend verarbeitest du das Gemisch zu Streuseln (am besten mit deinen Händen). Nun gibst du Orangenblütenwasser und Milch dazu und verarbeitest das zu einem weichen Teig. (Wenn es nicht wirklich zum Teig wird, dann kannst du noch ein bisschen Milch hinzufügen.)

Den Teig formst du zu einer Kugel (ca. 24 Bällchen). In diese drückst du dann ganz vorsichtig mit deinem Finger eine Kuhle und gibst die Füllung hinein. Den Teig schließt du, indem du den Rand ganz vorsichtig eindrückst.

Die Kugeln auf das Backblech legen und im Backofen ca. 20-25 Minuten backen. Wenn die Kugeln eine leichte Bräunung haben, jedoch noch weich sind, dann kannst du diese herausnehmen (Vorsicht heiß, lass dir von deinen Eltern helfen), mit Puderzucker bestäuben und essen.

SHAKSHUKA

Ein traditionelles Gericht mit Tomate und Ei. Es hat eine nordafrikanische, jüdische Herkunft und ist mittlerweile auch in Israel sehr beliebt und wurde dort sogar als Nationalgericht anerkannt.

Dauer: ca. 40 min.
Schwierigkeitsgrad: Mittel
Rezepttyp: Hauptgericht (vegetarisch)
Für 4 Personen

Das brauchst du an Zutaten:
- 1 Zwiebel
- 2 Paprika (Farbe nach Wahl)
- 5 Tomaten
- 1 TL Paprikapulver
- 1 TL Kreuzkümmel (gemahlen)
- 800 g Tomaten (Dose, in Stücken oder ganz)

- 50 ml Gemüsebrühe
- evtl. 1 EL Worcestersoße
- 4 Eier
- 50 g Fetakäse
- Pflanzenöl zum Anbraten

Das brauchst du an Geräten:
- Schneidebrett
- Messer (vorsichtig sein)
- ofenfeste Pfanne
- Kochlöffel
- Backofen

Schneide die Zwiebel, die Paprika und die Tomaten in kleine Würfel. Lass dir beim Schneiden von einem Erwachsenen helfen.

Gib nun die Zwiebel und die Paprika in die Pfanne und brate sie mit etwas Öl für 6 - 8 Minuten bei mittlerer Hitze an. Frage Bitte einen Erwachsenen um Hilfe, weil die Pfanne heiß sein könnte. Wenn die Zeit abgelaufen ist, gib Paprikapulver und Kreuzkümmel dazu und lass alles nochmal 2 Minuten weiter braten.

Lass die Dose mit den Tomaten von einem Erwachsenen öffnen und den Inhalt in die Pfanne geben. Auch die frischen Tomaten kannst du hinzufügen und mit dem Kochlöffel umrühren.

Ein Erwachsener soll den Ofen auf 190°C vorheizen. Gib dann die Gemüsebrühe in die Pfanne und lasse sie bei mittlerer Hitze ca. 20 Minuten köcheln. Danach die Worcestersoße hinzufügen und nach Wunsch mit weiteren Gewürzen würzen.

Schlage die Eier vorsichtig in die Pfanne und lass dir dabei von einem Erwachsenen helfen. Den Fetakäse zerbröseln und darüber streuen. Jetzt kommt die Pfanne in den Ofen und wird bei 190°C ca. 7-10 Minuten gebacken, bis die Eier stocken.
Fertig ist das Shakshuka.

HUMMUS

Hummus ist eine Paste aus Kichererbsen und Sesamsamen, welche meistens als Brotaufstrich oder Dip gegessen wird. Hummus gibt es in Ägypten schon seit dem 13. Jahrhundert. Über die Zeit hat sich das Kichererbsenmus über den osteuropäischen Kontinent verbreitet und ist vor allem im Judentum nicht mehr wegzudenken.

Dauer: ca. 20 Minuten
Schwierigkeitsgrad: Leicht
Rezepttyp: Beilage
(für 4 Personen)

Das brauchst du an Zutaten:
- 1 Dose Kichererbsen (Abtropfgewicht ca. 240 g)
- 2 EL Olivenöl
- 20 ml Zitronensaft
- 40 g Sesamsamen
- 1/2 TL Kreuzkümmel gemahlen
- 1/2 TL Paprikapulver

Das brauchst du an Geräten:
- Sieb
- Mixer oder Pürierstab o.Ä.

Lass die Dose von einem Erwachsenen öffnen und schütte die Kichererbsen vorsichtig über einem Waschbecken in das Sieb. Nun mit kaltem Wasser abbrausen und gut abtropfen lassen.

Gib die Kichererbsen mit dem Olivenöl und dem Zitronensaft in den Mixer und püriere alles zu einer cremigen Paste. Ein Erwachsener soll dir dabei helfen.

Gib jetzt noch den Kreuzkümmel und das Paprikapulver zu der Paste dazu. Nach Belieben kannst du noch weitere Gewürze verwenden.
Fertig ist der Hummus.

BUDDHISTISCHE SPEISEN

Der Kochbär landet in China...

Panda: „Huch! Wer bist denn du?"

Kochbär: „Hallo! Ich bin der Kochbär aus Deutschland. Ich reise um die Welt, um das Essen zu erforschen. Aber das ist nicht alles! Ich bin auf der Suche nach Speisen, die besonders für die Religionen der Welt sind."

Panda: „Oh, ja da bist du richtig bei mir. Ich bin der Panda aus Asien und kenne mich zufällig wirklich gut mit der Religion ‚Buddhismus' aus. Und ich liebe es zu essen! Frag mich alles, was du wissen willst, und ich versuche dir so genau wie möglich zu antworten."

Kochbär: „Also der Buddhismus ... Was genau heißt das denn?"

Panda: „Der Buddhismus ist eine Religion, genauer gesagt sogar eine der Weltreligionen. Sie ist vor allem in Asien verbreitet und kommt aus Indien, dem Land der Kuh. Anhänger der Religion heißen Buddhisten und die meisten leben in China, da wo wir gerade sind!"

Kochbär: „Aha, also eine weitere Weltreligion. Darüber habe ich auf meiner Reise schon viel gehört. Was ist denn an Buddhismus so besonders?"

Panda: „Die Buddhisten glauben an die Wiedergeburt. Tiere und Menschen sterben zwar, haben aber eine Seele, die nach dem Tod in einem anderen Körper wiedergeboren wird. Wahrscheinlich ist es deswegen für die Anhänger des Buddhismus wichtig, ihr Leben lang Gutes zu tun. Wir leben in der Überzeugung, keinem Menschen und keinem Tier Leid zuzufügen. So wie Christen an den Himmel glauben, hoffen wir, irgendwann in das Nirvana zu kommen, aber das schaffen wir nur, wenn wir uns an die Regeln unserer Religion halten."

Kochbär: „Oh, das ist aber interessant! Also wartet euer Gott dann im Nirvana auf euch?"

Panda: „Nein, ganz so ist das nicht. Wir kennen an sich keine Götter. Wenn wir die Erleuchtung im Nirvana wollen, dann müssen wir das allein schaffen, ohne die Hilfe von Göttern."

Kochbär: „Das habe ich ja noch nie gehört. Eine Religion ohne Gott ..."

Panda: „Ja, damit sind wir die einzige Weltreligion mit diesem Bild. Aber du hattest mich auch nach dem Essen gefragt und das ist ja zufällig eins meiner Lieblingsthemen! Den Buddhisten ist es vorgeschrieben, nur das zu essen, was wirklich den Hunger stillt. Uns ist er verboten, Lebensmittel zu verschwenden. Wegen unserer Einstellung, niemandem Leid zuzufügen, leben die meisten Anhänger der Religion vegetarisch, sie ernähren sich also ganz ohne Fleisch."

Kochbär: „Und kannst du mir dazu auch Beispiele zeigen? Ich kenne aus Deutschland wenige vegetarische Speisen, aber auf meiner Reise habe ich schon einige gesehen. Was ist denn noch typisch für das buddhistische Essen?"

Panda: „Da meine Religion vor allem in asiatischen Ländern wie China, Thailand oder Kambodscha verbreitet ist, enthalten unsere Speisen viele exotische Gewürze, die man in der heutigen Zeit aber auch in Deutschland bekommt. Aber jetzt komm mal mit! Ich führe dich in einige der besten Küchen des Landes. Lass dich überraschen!"

ASIA - SUPPE

> *Wusstest du schon, dass Buddhisten an das Karma glauben? Sie sind überzeugt davon, dass alles, was man tut, eine Folge hat. Deshalb ist das Töten von Tieren sehr schlecht angesehen und viele Anhänger der Religion sind Vegetarier.*

Soviel Zeit solltest du einplanen: 25 Minuten
Schwierigkeitsgrad: mittel

Das brauchst du an Zutaten:
- 3 Esslöffel Sojasauce
- 2 Paprika
- 2 Möhren/Karotten
- 1 Esslöffel Sonnenblumenöl
- 1 Liter Gemüsebrühe
- 1 ½ Tassen Reis
- 3 Frühlingszwiebeln
- Salz, Pfeffer und Currypulver

Das brauchst du an Geräten:
- einen mittelgroßen Topf
- einen großen Topf
- eine Pfanne
- Schneidebrett mit Messer

Zuerst einmal musst du beachten, dass das Rezept für 4-5 Personen reicht, also für deine ganze Familie oder sogar mehrere Tage.

Also fangen wir an, eine Asia-Suppe zu kochen. Bevor ihr das Gemüse vorbereitet, füllt ihr einen mittelgroßen Topf mit Wasser und kocht den Reis für ungefähr 10-15 Minuten. Da du am Anfang die Paprika, Karotten und die Frühlingszwiebeln waschen und in kleine Stücke schneiden musst, solltest du einen Erwachsenen dazu holen, damit du dir nicht wehtust. Während der Reis kocht und nachdem ihr das Gemüse vorbereitet habt, „schwitzt" ihr es an. Aber nein, ihr zwingt das Gemüse nicht Sport zu machen, sondern erhitzt in einem Topf das Öl und bratet das Gemüse an. Auch dabei sollte eine andere Person dir helfen, da das Öl sehr heiß werden und spritzen kann.

Jetzt rührt ihr den Liter Brühe in einem großen Topf an und mischt das angebratene Gemüse unter. Das Gemisch lässt du dann wiederum 10 Minuten kochen. Nach dieser Zeit wird auch der fertige und weich gekochte Reis zu eurer Brühe gegeben.

Gut, jetzt bist du fast fertig. Im letzten Schritt fügst du beide nach Gefühl Sojasoße, Salz, Pfeffer und Currypulver zu der Suppe. Da du aber wahrscheinlich noch zu wenig Erfahrung mit Gewürzen hast, solltest du auch das deinen Koch-Helfer machen lassen.

BANANEN-PFANNKUCHEN

Wusstest du schon, dass viele Buddhisten es vermeiden, stark riechende Pflanzen zu essen, wie Zwiebeln, Knoblauch, Ingwer oder Schnittlauch? Zu solchen Pflanzen wird „wu hun" gesagt. Man soll sie nicht essen, weil sie durch den Duft die Sinne benebeln.

Soviel Zeit solltest du einplanen: ca. 15 Minuten
Schwierigkeitsgrad: einfach

Das brauchst du an Zutaten:
- 3 Eier
- 500 Milliliter Milch
- Ca. 9 Esslöffel Mehl
- 1 Prise Salz
- 3 Bananen
- Butter zum Anbraten
- Zimt und Zucker

Das brauchst du an Geräten:
- eine große Schüssel
- einen Rührstab
- eine Pfanne
- eine Teigkelle
- einen Pfannenheber

Mit diesem Rezept kannst du deine Pfannkuchen etwas interessanter und leckerer werden lassen. Auch kannst du das Gericht ganz allein zubereiten und brauchst keine Unterstützung.

Zuerst vermischt du alles, also die drei Eier, 500 Milliliter Milch, das Mehl und die Prise Salz zu einem Teig. Danach darfst du die Bananen zu einem Brei zerdrücken und auch diesen zu dem Pfannkuchenteig dazugeben.
Jetzt nimmst du die Pfanne, gibst etwas Butter hinein und gibst mit der Teigkelle einen Teil des Teigs in die Pfanne.
Anschließend brätst du die Pfannkuchen auf beiden Seiten goldgelb, indem du sie öfter wendest. Dazu nimmst du den Pfannenheber.
Zum Schluss kannst du die fertigen Bananenpfannkuchen mit Zimt und Zucker oder auch mit anderen Beilagen essen. Guten Appetit!

ASIATISCHE EIERROLLE

Soviel Zeit solltest du einplanen: 20 Minuten
Schwierigkeitsgrad: schwer

Das brauchst du an Zutaten:

- 2 Frühlingszwiebeln
- 6 Eier
- 2 Esslöffel Sojasauce
- Chilipulver und Pfeffer
- Öl

Das brauchst du an Geräten:

- Schneidebrett mit Messer
- eine Pfanne
- eine Schüssel
- einen Rührstab
- eine Teigkelle
- einen Spatel

Bevor du anfängst, musst du leider beachten, dass dieses Rezept einen sehr guten Koch erfordert, da die Zubereitung sehr schwer ist. Wenn du es aber trotzdem versuchen willst, dann nur zu, aber hole dir lieber einen Erwachsenen zur Verstärkung. Gut, also los geht's: Zuerst wäschst du die Frühlingszwiebeln und schneidest sie in kleine Würfel. Hier musst du bitte sehr gut aufpassen, dass du dich nicht schneidest. Am besten ist es, du holst deinen Helfer hinzu. Anschließend verrührst du die Eier, Frühlingszwiebeln, etwas Pfeffer und Chilipulver zu einen „Eier"-Teig.

Jetzt kann der Spaß auch schon losgehen. Nachdem du die Pfanne mit einer dünnen Schicht Öl beschichtet hast, füllst du etwa eine Teigkelle von dem Eierteig hinein und lässt diesen bei niedriger Hitze fest werden. Dabei musst du wirklich gut aufpassen, dass dein Teig nicht an der Pfanne kleben bleibt. Wenn das der Fall ist, dann bitte deinen Helfer, vorsichtig etwas Öl unter das feste Ei zu geben. Jetzt wird der Eierpfannkuchen mit einem Spatel von links nach rechts aufgerollt und am Rand der Pfanne liegen gelassen, sodass du eine kleine Eierrolle erhältst. Für den Fall, dass dein gewünschtes Ergebnis noch nicht vor dir liegt: keine Sorge, mit jeder Schicht sieht die Eierrolle besser aus. Nun wiederholst du den Vorgang, bis der ganze Eierteig aufgebraucht ist.

Der Schluss gehört zu einem der schwierigsten Schritte dieses Rezepts, denn du musst die Eierrolle vorsichtig aus der Pfanne heben, ohne sie zu zerstören.

Gut gemacht, jetzt hast du es fast geschafft und musst die Eierrolle nur noch 10 Minuten ruhen lassen, um sie anschließend in Scheiben schneiden und essen zu können!

GEMÜSEPFANNE

Wusstest du schon, dass die Buddhisten keine göttlichen Gebote haben? Also gibt es auch keine allgemein vereinbarten Regeln für die Lebensmittel im Buddhismus.

Soviel Zeit solltest du einplanen: ca. 15 Minuten
Schwierigkeitsgrad: mittel

Das brauchst du an Zutaten:
- ½ Zucchini, in Scheiben
- 1 Paprika
- 150 g halbierte Champignons
- ½ Dose Mais
- 2 Esslöffel Sojasauce
- 2 Knoblauchzehen
- 150 g Reis
- ½ Teelöffel Tomatenmark
- Salz und Pfeffer

Das brauchst du an Geräten:
- Schneidebrett mit Messer
- eine Pfanne
- einen Rührstab

Lass dich von den vielen Zutaten nicht abschrecken, das Ergebnis wird sich lohnen! Auch hier sollte ich dich warnen, dass du eine große Portion kochen wirst, die sicher für deine ganze Familie reicht.

Ganz am Anfang musst du das gesamte Gemüse waschen und in kleine Stücke schneiden, abgesehen von dem Mais, den du nur abwaschen musst. Wenn du dir den Umgang mit dem Messer noch nicht zutraust, dann frag lieber einen Erwachsenen, ob er dir helfen kann.

Danach gibst du etwas Öl in eine große Pfanne und brätst die Zucchini ca. 2-3 Minuten an, danach gibst du auch die Paprika dazu und zuletzt die Champignons. Danach wird auch der Mais in die Pfanne hinzugegeben und kurz erhitzt. Jetzt hast du deine Gemüsepfanne schon fast fertig! Du musst das Gemüse nur noch mit der Sojasauce, dem Knoblauch und dem Tomatenmark verfeinern und anschließend nochmal 5 Minuten kochen lassen. Ganz zum Schluss kannst du dein Gericht noch mit Salz, Pfeffer und nach Belieben auch mit der Sojasauce würzen.

Schon hast du es geschafft, eine original asiatische Gemüsepfanne selbst zu machen!

KOKOS-EIWEIß-KEKSE

Wusstest du schon, dass Buddhisten eine sehr kreative Küche haben? Sie sind bekannt für ihre Nachahmung von Fleisch mit Gluten, Tofu und Pflanzen. Außerdem wird viel Wert auf frische und der Jahreszeit angemessene Zutaten gelegt.

Soviel Zeit solltest du einplanen: ca. 5 Minuten
Schwierigkeitsgrad: einfaches Rezept mit anspruchsvoller Ausführung

Das brauchst du an Zutaten:
- 2 Eiweiß
- 50 g Puderzucker
- 2 Esslöffel Butter
- 45 g Mehl
- 30 g Kokosraspel

Das brauchst du an Geräten:
- eine Schüssel
- Topf oder Mikrowelle
- einen Rührstab
- ein Sieb
- Backofen, Backblech und Backpapier
- Teelöffel
- Gläser oder Tassen zum Anlehnen der Kekse

Du kennst doch bestimmt auch die Glückskekse, die du manchmal nach dem Essen in einem Restaurant bekommst, oder? Mit diesem Rezept hast du die Möglichkeit, diese Art von Keksen selbst zu machen und das ganz allein!
Zuerst schlägst du das Eiweiß in einer Schüssel schaumig und füllst den Puderzucker in das Sieb, um ihn dann fein verteilt unter den Schaum zu mischen. Danach erhitzt du die Butter in einem kleinen Topf oder in einer Mikrowelle, bis sie flüssig ist, und gibst sie zu dem Eiweiß. Um den Teig fertig zu machen, rührst du jetzt auch das Mehl in das Eiweiß-Gemisch, bis eine lockere Masse entsteht.
Jetzt kommen die Kekse auch schon ab in den Ofen, den du auf 175 °C heizt. Bevor du den Teig mit einem Teelöffel in kleinen

Kreisen von ca. 5- 10 Zentimeter auf dem Backpapier verteilst, musst du es zuerst gut einfetten, um zu verhindern, dass die Kekse später daran festkleben.

Dann werden die Kokosraspeln darübergestreut. Anschließend bäckst du die Kekse für 5 Minuten im Backofen, bis sie am Rand leicht braun werden.

Die Kekse werden dann sofort vom Backblech gelöst und zur Hälfte zusammengeklappt (senkrecht angelehnt an z. B. Gläser), um die typische Form zu erhalten. Das ist etwas schwieriger - am besten suchst du dir dazu Hilfe von einem Erwachsenen. Jetzt musst du die Kekse nur noch 5 Minuten so stehen lassen und dann nochmal ungefähr 10 Minuten abkühlen lassen, bevor du deine eigenen Glückskekse genießen darfst!

MANGO LASSI

Soviel Zeit solltest du einplanen: 10 Minuten
Schwierigkeitsgrad: einfach

Das brauchst du an Zutaten:
- 300 g Mango
- 1 Becher Naturjoghurt
- 120 Milliliter Milch
- 2 Esslöffel Zitronensaft
- 4 Teelöffel Zucker

Das brauchst du an Geräten:
- Schneidebrett und Messer
- eine große Schüssel
- einen Stabmixer

Für das cremige Mango Lassi musst du zuerst die Mango schälen und das Fruchtfleisch in kleine Stückchen schneiden. Aber Vorsicht mit dem Messer!
Die Mangostückchen, Joghurt, Milch, Zucker und Zitronensaft musst du in eine Schüssel geben und mit dem Stabmixer fein pürieren.
Am besten nimmst du ein großes Glas mit Eiswürfeln und wenn du magst, kannst du auch einen Strohhalm benutzen, damit das Lassi ausgesprochen gut schmeckt.

HINDUISMUS

Der Kochbär fragt: „Wer bist denn du? Und warum trägst du so einen komischen Kopfschmuck?"

Die Kuh faltet ihre Vorderhufe zusammen und verneigt sich: „Namaste. Ich bin Taniya und Kühe sind hier heilig, deshalb verehren uns die Menschen mit Blumenkränzen und bringen uns Essen."

Der Kochbär staunt: „Wow, das ist ja toll. Hat das etwas mit eurer Religion zu tun?"

Taniya antwortet: „Ja genau, denn hier in Indien ist die Religion vieler Menschen der Hinduismus. Das Wort Hinduismus bedeutet übersetzt ‚Einheit in der Vielfalt' und genau das kann man hier in Indien auch sehen – viele Hindus gestalten ihre Gebetszeiten, Rituale und Feste ganz unterschiedlich."

Der Kochbär meint: „Auf meiner Reise durch die ganze Welt habe ich schon viele religiöse Feste kennengelernt, doch zu hinduistischen Festen weiß ich noch nicht so viel. Kannst du mir etwas darüber erzählen?"

Taniya lächelt: „Natürlich. Aber du solltest wissen, dass wir Hindus sehr viele Feste feiern, und oft haben sie etwas mit der Jahreszeit zu tun. Eines unserer bekanntesten Feste und auch mein Lieblingsfest ist das Frühlingsfest **Holi**. Das ist ein sehr fröhliches Fest, mit dem wir den Frühlingsbeginn feiern. Dabei bewerfen sich alle mit buntem Mehl und Pulver, das sieht dann total toll aus mit den ganzen bunten Farben und macht richtig viel Spaß. Ein anderes sehr bekanntes Fest ist das Lichterfest **Divali**, was übersetzt *Lichtermeer* bedeutet und ganze fünf Tage dauert. Divali ist so etwas wie Weihnachten im Christentum, aber wir feiern damit das Ende der Regenzeit und den Sieg des Guten über das Böse. Dazu stellen wir viele kleine Öllämpchen auf und lassen sie in kleinen Papierbooten auf Flüssen treiben, das sieht dann wunderschön aus. Außerdem wird die ganze

Zeit getanzt, gefeiert und es werden Geschenke und Süßigkeiten verteilt – manchmal gibt es sogar ein schönes Feuerwerk am Himmel."

Der Kochbär ist begeistert: „Da wäre ich auch gerne einmal dabei. Aber an was für einen Gott glaubt ihr eigentlich?"

Taniya:„Die unterschiedlichen Hindu-Gruppen glauben an sehr viele verschiedene Gottheiten, aber alle Hindus glauben gemeinsam an die Weltseele **Brahman**, die viele Namen hat, zum Beispiel auch Gott, und an die Ordnung **Dharma**, nach der die Menschen leben sollen. Eine wichtige Regel verbietet es, einem Menschen oder einem Tier Leid zuzufügen, deshalb sind viele Hindus auch Vegetarier."

Der Kochbär ist beeindruckt: „Das hört sich ja spannend an, aber ist das nicht langweilig, wenn man nie Fleisch essen kann?"

Taniya: „Nein, überhaupt nicht. Wir haben ganz viele tolle vegetarische Rezepte. Ich kann dir gerne ein paar zeigen."

NAAN BROT

Soviel Zeit solltest du einplanen: 1 Stunde
Schwierigkeitsgrad: mittel

Das brauchst du an Zutaten:
- 500 g Mehl
- 1 TL Backpulver
- 1 TL Salz
- 2 TL Zucker
- 1 TL Trockenhefe
- 2 EL Wasser
- 100 ml Milch
- 150 ml Joghurt
- 2 EL Sonnenblumenöl

Das brauchst du zum Bestreichen und Bestreuen:
- 40 g zerlassene Butter
- 2 Knoblauchzehen
- 1 Chili (kannst du auch weglassen, wenn dir das zu scharf ist)

Das brauchst du an Geräten:
- Diese Geräte brauchst du:
- 3 Schüsseln (eine große und zwei kleinere), 1 Löffel, 1 Schneebesen, 1 Küchentuch zum Abdecken, 1 Pfanne, 1 Teller für die fertigen Brote

Als erstes musst du Mehl, Backpulver und Salz mit einem Löffel in der großen Schüssel verrühren. Den Zucker, die Trockenhefe und das Wasser vermischst du in einer anderen Schüssel. Danach verquirlst du die Milch und den Joghurt mit einem Schneebesen, pass auf, dass es nicht spritzt.

Jetzt gibst du die Zutaten aus der Schüssel mit dem Hefegemisch und dem Milch-Joghurtgemisch zusammen mit dem Öl zum Mehl und knetest alles für 5-7 Minuten in der Küchenmaschine, lass dir dabei am besten von einem Erwachsenen helfen. Falls du keine Küchenmaschine hast, kannst du es auch mit den Händen kneten, das klebt aber ziemlich. Wenn alles gut verknetet ist, musst du den Teig zu einer Kugel formen und mit einem Handtuch abgedeckt 30-60 min. gehen lassen, bis er sich verdoppelt hat.

In der Zwischenzeit kannst du einen Erwachsenen bitten, dir die Chilis und die Knoblauchzehen in feine Würfel zu hacken, damit du dich nicht schneidest.

Wenn mindestens 30 Minuten vergangen sind, kannst du den Teig in kleine Portionen einteilen und diese zu Kugeln formen. Die Teigkugeln muss man auf einer bemehlten Arbeitsfläche abgedeckt nochmal 15 min. ruhen lassen. Anschließend formst du die kleinen Kugeln mit den Händen zu flachen Fladen.

Jetzt fragst du am besten einen Erwachsenen, ob er dir eine Pfanne mit Öl erhitzen kann, und dann legst du vorsichtig einen Teigfladen hinein. Den bestreust du dann, falls du willst, mit Chili und Knoblauchwürfeln und bräunst die Unterseite so lange, bis das Brot Blasen wirft. Anschließend wendest du es und lässt es nochmal ungefähr 1 Minute lang fertig garen. So machst du es dann auch mit allen anderen Fladen.

Zum Schluss kannst du die Brote noch mit der zerlassenen Butter bestreichen und servierst sie warm, so schmeckt es am besten.

ROTE LINSEN DAL (MASUR DAL)

Dal gehört in Indien zu den Grundnahrungsmitteln und viele Inder essen es täglich. Es wird als Hauptspeise, aber auch als Beilage gereicht.

Soviel Zeit solltest du einplanen: 30 Minuten
Schwierigkeitsgrad: leicht
Dieses Rezept ist für: 4 Personen

Das brauchst du an Zutaten:
- 1 Stück frischer Ingwer (ca. 2 cm)
- 2 Knoblauchzehen
- 2 EL Erdnussöl

- 250 g rote Linsen
- 1 TL gemahlener Kreuzkümmel
- 2 TL Currypulver
- 400 ml Gemüsebrühe
- 200 g passierte Tomaten aus der Dose
- ½ Bund Petersilie
- Salz
- Pfeffer
- 2-3 TL frisch gepresster Zitronensaft

<u>Das brauchst du an Geräten:</u>
- 1 Schneidebrett
- 1 großes Messer
- 1 mittelgroßer Topf
- 1 Kochlöffel

Als Erstes musst du den Ingwer und den Knoblauch schälen und fein würfeln, dabei kannst du dir auch von einem Erwachsenen helfen lassen. Jetzt erhitzt du im Kochtopf das Öl und gibst, wenn es heiß ist, Ingwer und Knoblauch für 1 min. zum Andünsten dazu. Die Linsen, den Kreuzkümmel und das Currypulver dünstest du kurz auch mit an.

Danach kannst du die Gemüsebrühe dazu gießen, die Tomaten einrühren und lässt alles bei mittlerer Hitze mit Deckel 10-12 min. kochen, bis die Flüssigkeit fast vollständig aufgesogen ist und die Linsen weich sind.

In der Zwischenzeit braust du die Petersilie ab, schüttelst sie trocken und zupfst die Blätter ab. Zum Schluss schmeckst du das Dal mit Salz, Pfeffer und Zitronensaft ab und servierst das Gericht mit den Petersilienblättern.

BAJJI (SPINATBONDA)

__Bonda__ ist ein typisches südindisches Fingerfood, das man auf jedem Straßenmarkt finden kann. Vor allem in der südindischen Küche haben Bondas eine besondere Bedeutung.

So viel Zeit solltest du einplanen: 30 Minuten
Schwierigkeitsgrad: mittel

Das brauchst du an Zutaten:
- 250g Kichererbsenmehl (ersatzweise Maismehl)
- 1 EL Stärke
- 5 EL Spinatblätter, fein gehackt
- 5 EL Petersilie
- 5 EL Minzblätter
- 1 Zwiebel, fein gehackt
- 1 cm Ingwer, fein gehackt
- 1/4 TL Kümmel
- 1/4 TL Chilipulver
- 1 Prise Backpulver
- 10 Stk. Cashewkerne
- Salz
- Öl zum Frittieren

Das brauchst du an Geräten:
- 1 Gemüsereibe
- 1 Messer
- 1 Rührschüssel
- 1 Schneebesen
- 1 Topf
- 1 Teller
- Küchenpapier

Schäle den Ingwer, reibe ihn auf der Gemüsereibe fein und hacke die Zwiebel und Spinatblätter klein. Frag dabei am besten deine Eltern um Hilfe.

Vermische als Nächstes in einer Rührschüssel Maismehl, Stärke, Zwiebeln, Chilipulver, Petersilie, Minzblätter, Kümmel, Cashewkerne und Salz miteinander. Gieße nach und nach kaltes Wasser langsam dazu und rühre die Masse mit einem Schneebesen so lange, bis ein dickflüssiger Teig entsteht. Schmecke diesen danach noch mit Salz ab und frag deine Eltern, ob sie dir mit dem Öl in den nächsten Schritten helfen können, falls du dir das nicht alleine zutraust.

Erhitze das Öl in einem Topf auf höchster Stufe. Wenn es heiß genug ist, kannst du die Herdplatte auf mittlere Hitze herunterschalten.
Forme den Teig mit deinen Händen zu Bällchen und gib sie in das heiße Öl. Die Bondas werden jeweils 2 min. von beiden Seiten frittierst, bis sie goldbraun und knusprig sind. Du kannst sie mit einer Zange wenden. Nimm sie danach heraus (ACHTUNG: sehr heiß!!) und lege sie auf einen Teller mit Küchenpapier, um sie zu entfetten und etwas kühler werden zu lassen.

Und schon sind sie fertig und du kannst deinen Eltern dein leckeres Essen zeigen.

NAN KHATAI (INDISCHE PLÄTZCHEN)

Nan Khatai ist einer der bekanntesten Kekse in indischen Haushalten. Der hohe Anteil von Ghee, der verwendet wird, um sie zu herstellen, sowie eine Kombination von Kardamom, verschiedenen Mehlen (und manchmal Nüssen), machen sie zu einem sehr leckeren Gebäck, das du unbedingt auch mal ausprobieren solltest.

Ghee ist geklärte Butter, bei der Wasser, Milcheiweiß und Milchzucker entfernt wurden. Du kennst es vielleicht besser unter dem Namen Butterschmalz. In Indien ist Ghee Bestandteil der ayurvedischen Küche und kann auch als Heilmittel eingesetzt werden. Du kannst es im Bioladen oder meistens auch in der Bioabteilung deines Supermarkts finden.

So viel Zeit solltest du einplanen: 30 - 35 Minuten
Schwierigkeitsgrad: leicht

Das brauchst du an Zutaten:
- 50 g Mehl
- 3 EL Kichererbsenmehl (ersatzweise Maismehl)
- 50 g Hartweizengrieß
- ½ TL Backpulver
- Prise Salz
- ½ TL Kardamompulver
- 135 g Puderzucker
- 150 ml Ghee
- 2 EL Joghurt
- gehackte Nüsse als Deko

Das brauchst du an Geräten:
- 2 Schüsseln
- 1 Handrührgerät
- 1 Handtuch
- 1 Blech mit Backpapier

Als Erstes mischst du das Mehl, Grieß, Salz, Backpulver und Kardamom in einer Schüssel. Den Zucker und das Ghee gibst du in eine andere Schüssel und vermischst das mit einem Handrührgerät. Füge den Joghurt hinzu und rühre für weitere 1-2 Minuten um.

Schütte die Mehlmischung zu der Ghee-Zuckermischung, vermische sie und forme so einen Teig. Diesen lässt du nun für 10 Minuten mit einem Handtuch zugedeckt ruhen.

In dieser Zeit kannst du den Backofen schon mal auf 180° C vorheizen.
Teile den Teig in kleine, etwa walnussgroße Kugeln und lege sie auf ein mit Backpapier ausgelegtes Blech. Jetzt kannst du die Kugeln noch mit Nüssen belegen.

Die Plätzchen müssen nun nur noch für ungefähr 15 Minuten backen, bis sie leicht bräunlich sind. Frage deine Eltern am besten, ob sie das heiße Blech für dich herausholen können oder benutze Topfhandschuhe. Bevor du sie essen kannst, solltest du die Kekse noch abkühlen lassen, damit du dich nicht verbrennst.
Viel Spaß und guten Appetit beim Essen dieser leckeren Kekse, die du auch super mit in die Schule nehmen kannst, um sie mit deinen Freunden zu teilen.

DANKSAGUNG

Nun sind wir am Ende unserer Reise angelangt. Der Kochbär hat viele neue Rezepte und Religionen kennengelernt. Wir hoffen, dass ihr Spaß auf der Reise hattet und viele neue Sachen, egal ob über die Religionen oder leckere Rezepte, gelernt habt.

Zum Schluss wollen wir uns sowohl bei euch als auch bei unseren vielen Unterstützern bedanken.
Vor allem wollen wir hier unsere Seminarleiterin Frau Spinner-Stockinger ansprechen. Vielen Dank, dass Sie mit so viel Freude und Motivation dabei waren und uns die Möglichkeit gegeben haben, das Projekt in die Tat umzusetzen.
Außerdem bedanken wir uns bei unserem Schulleiter Herr Lebert, dass wir unsere Vorstellungen ohne Komplikationen verfolgen konnten.
Des Weiteren wollen wir der Hauptschule Riemerling und den verantwortlichen Lehrern danken. Ohne die Kochmöglichkeiten und das Vertrauen wäre die Umsetzung unserer Ideen nicht möglich gewesen.
Zu guter Letzt danken wir auch unseren eigenen Mitgliedern, die mit viel Engagement dabei waren und dieses Projekt vorangetrieben haben. Ohne die Hilfe jedes Einzelnen, wäre es längst nicht so ein großartiges Kochbuch geworden.

Uns hat es allen wirklich viel Spaß gemacht und wir hoffen, mit unserem Buch die Kreativität anregen zu können und in Kooperation mit den Sternstunden Gutes für hilfsbedürftige Kinder leisten zu können.

Eigene Notizen